Camron Träumer

Nicht alles ist Liebe

AF189988

1. Auflage

August 2017

Buchsatz: Petra Schmidt
Umschlaggestaltung: H.-S. Damaschke
Bildnachweise: © Fotolia
Herstellung und Verlag: BoD – Books on Demand, Norderstedt

© 2017 Camron Träumer

Die Buch- und Cover-Rechte liegen beim Autor.

Das Werk ist urheberrechtlich geschützt.
Jede Verwertung und Vervielfältigung – auch auszugsweise – ist nur mit
ausdrücklicher schriftlicher Genehmigung des Autors gestattet.
Alle Rechte, auch die der Übersetzung des Werkes, liegen beim Autor.

Bibliografische Information der Deutschen Nationalbibliothek:
Die Deutsche Nationalbibliothek verzeichnet diese Publikation in der
Deutschen Nationalbibliografie; detaillierte bibliografische Daten sind im
Internet über http://dnb.d-nb.de abrufbar.

ISBN: 978-3-74486-904-1

Camron Träumer

Nicht alles ist Liebe

Erotische Lyrik

Der Zauber einer Leidenschaft

Du bist mir fremd,
Du hast was an Dir,
das ich nicht vergessen kann.
Küss mich und ich bin endlich still.
Ich will Dich ganz nah spüren,
ohne viel Worte zu verlieren,
wer weiß,
ob wir uns wiedersehen.

Mein Herz will zu Dir

Eine Träne,
die ich in meiner Hand halte,
erinnert mich an Deine Lippen ...,
wie ich sie geküsst habe.
Dann denke ich an Dich.

Jede Ecke werde ich absuchen,
doch vergeblich wird es sein ...
Was bleibt, ist der Duft von Dir ...
und die Tränen, die einen alles
vergessen lassen.

Dein Brief

Wenn ich Dich wiedersehe,
tust Du so, als wäre nichts gewesen.
Wenn ich Dir geglaubt hätte,
hätte es doch keinen Ausweg gegeben.

Deine Briefe sind zweideutig
geschrieben.
Bin Dir nicht böse deswegen,
nur traurig, dass Du Dich mit so was
eingelassen hast.

Du schreibst, ich sei sehr stur
und verbockt.
Nicht nur das.
~
Ich war eifersüchtig.
Du hast es nicht mal bemerkt,
weil Dir alles andere wichtiger war.

Es geht nicht

Auch nicht,
wenn ich Dir fünf Minuten
Sonnenschein schenke.
Kein Versuch bleibt bestehen.
Es wird ein Geheimnis bleiben
zwischen uns.

Bei diesem verdammten Spiel ...

um die Liebe.

Wenn sich Dein Herz öffnet,
von Tränen überflutet wird,
und nicht immer eine Antwort findet,
und doch einfach weitermacht,
obwohl man weiß,
dass es nichts bringen wird.
Sorry.
Ich habe vergessen, dass es eine
andere Zeit
in Deinem

Herzen

gibt.

Alles falsch gewesen

Wenn ich Dich sehe,
verliere ich meinen Atem,
kribbelt es im Bauch,
schwebe ich bei den Sternen,

klopft mein Herz ...

Doch wache ich auf, ist es wie immer:
alles falsch gewesen.

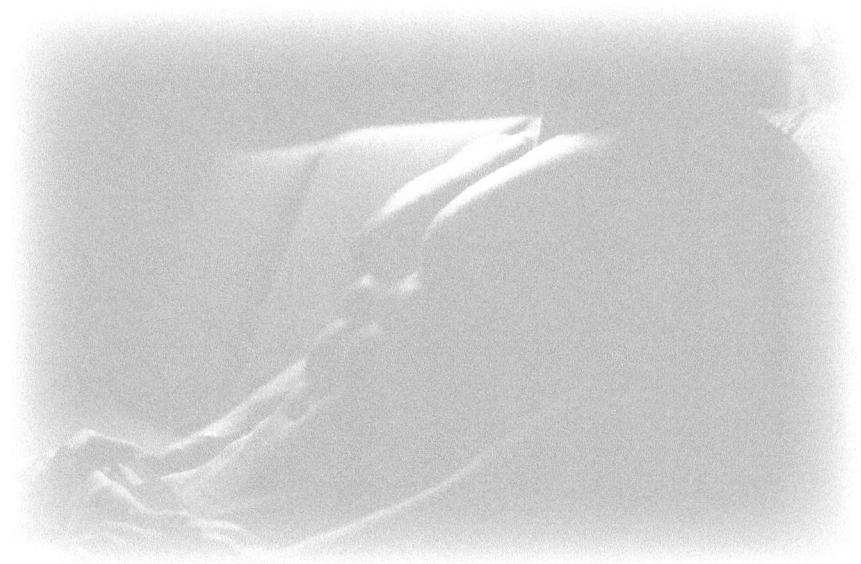

Die Herzen der Liebe

Manchmal möchte ich Dich vergessen,
dass es Dich niemals gegeben hat.
Heißblütig ist Deine
Leidenschaft gewesen.
Wenn ich Dich gebraucht habe,
warst Du bei mir.
Wenn die Erinnerung kommt,
kommt auch die
Verzweiflung.

Gedanken sind frei

Du warst immer so gut gekleidet,
so verführerisch.
Ich musste mich zusammenreißen.
Wenn Du den Raum betreten hast,
kam der Sonnenschein herein.
Nun ist es vorbei, mit uns.

Was bleibt, ist
Sehnsucht.

Alles ist wichtig an Dir

Hast Du es nicht bemerkt, was gestern
mit uns passiert ist?
Du hast mich in der Nacht verführt.
Als wir uns das erste Mal getroffen haben,
war alles unwichtig um uns herum.
Oh, Baby,
Du bist mehr als nur ein Gefühl.
Ich küsse Dich zärtlich
auf Deine verträumten Augen.

Meine Hand soll Dich verführen,
Dich berühren,
Deine Wangen streicheln,
sie zärtlich küssen,
Deine weiche Haut fühlen,
Dich verzaubern, wie Du es am liebsten hast.
Dann schließe ich meine Augen
und höre unsere Lieblingsmelodie.
Gib es doch zu, dass es in Dir kribbelt.

Erinnerung

Es gibt viele Gründe.
Wie weit muss man gehen,
um das zu verstehen,
was diese Rose uns zeigen möchte?

Fröhlichkeit und Traurigkeit,
aus einer Laune heraus.
Doch lässt sie uns teilhaben
an ihrer Schönheit.

Dein Geheimnis

Was das neue Jahr Dir bringen wird,
steht in den Sternen.
Du küsst Deine Liebe und vergisst für
einen Moment
die Vergangenheit.

Frage mich, wie es Dir geht,
kein Zeichen von Dir.
Vielleicht bist Du traurig
oder neu verliebt?

Das ist Dein
Geheimnis.

Die Zauberflöte

Ich höre sie in Gedanken,
eine Melodie zum Träumen.
Es ist, als würdest Du mich streicheln.
Versetzt mich in die Zeit, als würdest Du
da sein.
Alles ist wie immer.

Es ist bestimmt lange her,
aber mir kommt es vor,
als wäre es gestern gewesen.
Es ist zum Verrücktwerden,
aber zugleich schön.
Ist es Dein Geist, der zu mir spricht?

Ich weiß es nicht.

Die Zauberflöte ist ein Gedanke,
der mich beruhigt.

Ich lausche den Tönen,
mache dabei die Augen zu,
nicht das zu bekommen,
das man sich wünscht,
sondern
einen Zauber, der einem die Luft
zum Atmen wiedergibt.

Du bist die Leidenschaft für mich

Ich kenne Dich nicht,
doch Deine Augen sind mir vertraut,
auch wenn ich sie nicht sehen kann,
da sie verbunden sind.
Nicht für mich,
ich soll hier nicht sein ...

Dich einmal in den Armen zu halten,
ohne nachzudenken,
was dann passieren kann,
bin ich verliebt in ein Bild.
Du bist verloren, wir sind verloren.
Wie kann das passieren?

Warum auch immer,
es ist einfach nicht das Leben,
das wir uns vorgestellt haben.
Du wolltest mehr.
Doch das kann ich Dir nicht geben.

Keine Frage:
Die Liebe zueinander bleibt bestehen.
Sag so etwas nicht!
Ich kann nicht mehr bei Dir bleiben,
da Du ...
es nicht willst, mein Engel.
Ich schreie Dich an:
Verlasse mich jetzt,
ohne Dich umzudrehen,
bitte sag nichts mehr,
geh einfach, verschwinde!

Du hast leise die Tür zu gemacht,
nun bist Du wirklich gegangen.
Hast Dich nicht mal umgedreht.
Warum auch?
Deine Liebe zu mir
ist nun vorbei.

Die Streitereien, ohne Grund,
sind nun Vergangenheit.
Ich muss es versuchen,
Dich zu vergessen.
Das Verlorene wiederzufinden.
Ob ich das verstehen kann,
bringt die Zeit.
Ich glaube nicht, dass alles aus Gold ist,
was Du mir erzählt hast.

Der Wind soll Dir nun zeigen,
dass Du nicht alleine bist.
Auch wenn keiner in Deiner Nähe ist,
wirst Du es fühlen.

Du hast schöne Augen,
wie eine Melodie, die ich gerade höre.
Fange an zu träumen,
nach Liebe, Zärtlichkeit.
Doch der andere Teil
ist in einem Raum gefangen,
wo es kein Entkommen gibt.

Du wirst Dich fragen,
was der Idiot von Dir will.
Gern würde ich es Dir sagen,
doch dafür gibt es keine Zeit,
es ist zu spät.

Auch wenn es mich traurig macht,
vergesse ich nicht
das verlorene Gefühl,
das kalt an mir vorbeigeht,
ohne eine Träne zu weinen.
Kein Regentropfen kann mich
zurückhalten,

auch nicht die Schönheit eines
Regenbogens.
Wichtig ist,
dass Du diese Worte verstehst,
nicht zu fragen,
was ich denn nun will.

Es war doch nur ein dummer Traum
von zwei Verliebten, die verschieden sind
und einander nicht finden.
Nur ein Brief bleibt zurück.

Du willst dynamisch sein, verspielt,
doch weinst Du wie die Tränen
in diesem Buch.
Sehnsucht plagt Dich.
Wir waren verliebt,
auch wenn Du es verleugnest.
Es ist so, als hätte es Dich nie gegeben
und doch warst Du da.
Wo bist Du hingegangen?
Probleme sollen verglühen.

In Gedanken bist Du meine bessere Hälfte.
Ich hätte Dir eine Chance gegeben.
Sie war nicht groß, aber ehrlich gemeint.
Es machte sich unglaubliche Wut breit.
Dieser Gedanke weckt Erinnerungen.
Ich werde aufgeben und nie vergessen,
selbst wenn ich es wollte.
Es wird mein Leben bestimmen.
Deine Tränen in diesem Buch.

Ein Licht in der Mitternacht,
mit Zärtlichkeiten umschlungen,
im tiefen Nebel verborgen.
Blicke ich zum Mond,
Du führst mich durchs Ungewisse.

Als ich Dich erblickte,
bettelten Deine Augen vor Verlangen.
Du möchtest ganz nah bei mir sein
wie ein Sternenmeer,
in Zärtlichkeiten gehüllt.
So flogen wir mit den Wolken,
ein Hauch, der mich erzittern lässt.
Wir wagten nicht zu sprechen.

Wir lauschten und fühlten
unsere Herzen schlagen,
wie sie sich unterhielten.
Wie das Licht in der Nacht,
das nicht verlöschen kann.

Eine Art von Liebe

Obwohl Du immer gesagt hast,
dass ich in einem falschen Film sei,
hatte ich es nicht bemerkt,
dass es mit uns nichts zu tun hatte.

Es ist sehr lange her,
als ich Dein Lächeln gehört habe.
Mir fehlen die Worte,
doch wollte ich Dir schreiben.
Wie dumm muss man sein,
um das nicht zu verstehen,
was in mir abgeht.

Es gibt keinen Tag, an dem ich nicht
an Dich denke.
An dem es mir nicht schlecht ging.
Dass es nicht aufregend ist mit uns.

Ich könnte Dir so viel sagen,
doch habe ich es nicht geschafft,
Deine Wand zu brechen.
Ich suchte vielleicht etwas an Dir,
das ich nicht gefunden habe.

Eine Art von Liebe.

Eine Liebe,
die zwei Herzen zusammengeführt hat,
nicht wissend, was das Leben noch
bringen wird.
Wenn zwei Herzen im siebten Himmel
schweben,
sich ohne Worte verstehen und alles
vergessen,
sodass sie in Selbstmitleid schweben
und unangenehme Gefühlsregungen
verspüren ~
dann ist es eine bemerkenswerte

Liebe.

Es ist kein schönes Gefühl,
glaube mir,
die Hoffnungslosigkeit zu ertragen.
Ich spüre es überall,
wenn Du bei ihm bist,
wenn er Dich küsst, Dir ins Ohr flüstert ...
Dinge, die meine Worte sein könnten.

Das geht nicht, Prinzessin, das geht nicht.

Wenn Du geweint hast,
dann kribbelte es in mir.
Mein Hunger nach Zärtlichkeit und Liebe
war nicht zu stillen.
Meine Liebe ist unbeschreiblich.

Ich wusste nicht, dass Du jemanden hast,
dass Du verliebt bist.
Ohne ein Wort zu verlieren,
soll ich vergessen, das sagst Du so,
~ so einfach ~

Nur eine Frage an Dich, die Du
doch nie beantworten kannst:

Wann beginnst Du,
endlich aufzuwachen?

Ich schaue aus dem Fenster
und das letzte Lied erklingt,
in dem es um Liebe geht.

Tränen laufen mir übers Gesicht,
denn Du wirst nie erfahren,
dass ich Dich liebe!

Ist es doch nur eine Illusion gewesen?

Fasziniert und sinnlich
krabbeln meine Augen
an Deinem verzaubernden Körper
langsam nach oben.
Streicheln will ich Deine nackte Haut.

Du willst aufstehen und schon gehen.
Doch ich halte Deine Hand fest,
küsse Dich noch einmal,
will Deine Nähe spüren,
Dich stöhnen hören,
Deine zärtlichen Bewegungen
mit meinen Händen fühlen.

Kann mich nicht mehr zurückhalten.
Wenn ich doch Deine Seele
besiegen könnte.
Dein wildes Verlangen übersteigt alles,
was man sich erträumen kann.
Möchte noch einmal vor Lust explodieren.

Du musst gehen ~ sind Deine Worte.
Er wartet auf Dich, Dein Mann.
Dann hast Du mich
und die Nacht mit uns
... vergessen!

Gefühle, die berühren

So fühle ich mich,
kein Anfang,
kein Ende,
nur ein Durcheinander.

Das verwirrt mich,
keine Worte,
nur das Leere.
Das verzweifelt mich.

Was bleibt, sind Tränen,
die mich schmerzen,
machen mich traurig.

*I*st doch schön,
wenn die Realität verzaubert wird
und das Kalte, Verlogene nicht
zu spüren ist.

Dein Traum ist in mir,
auch wenn wir nicht zusammen sind,
fühle ich Dich, als wärst Du
in meiner Nähe.

Hat er Dir zugehört,
dass Du deswegen zu ihm bist?
Oder ist er das, was Du gesucht hast?
Das Coole, das Aufregende.
Ist es seine Männlichkeit,
die Ausstrahlung oder die Zärtlichkeiten,
die Dich anmachen?

Darum musstest Du alles aufgeben,
alles vergessen, weil er Dir
nicht widersprochen hat
und Du Deinen Spaß hast, bei ihm.

Was macht er anders?
Hast Du kein Gewissen,
das mich erahnen lässt,
was Dein nächster Schritt ist?
Du bist sehr weiblich, sagte ich immer.

Bist Du so verliebt, dass Du
alles vergessen hast?

Unser Frühstück zu zweit,
das Kuscheln, wenn es kalt draußen war.
Wenn Du nicht schlafen konntest,
dann war ich bei Dir.
Was hat er, was ich nicht verstehen kann?

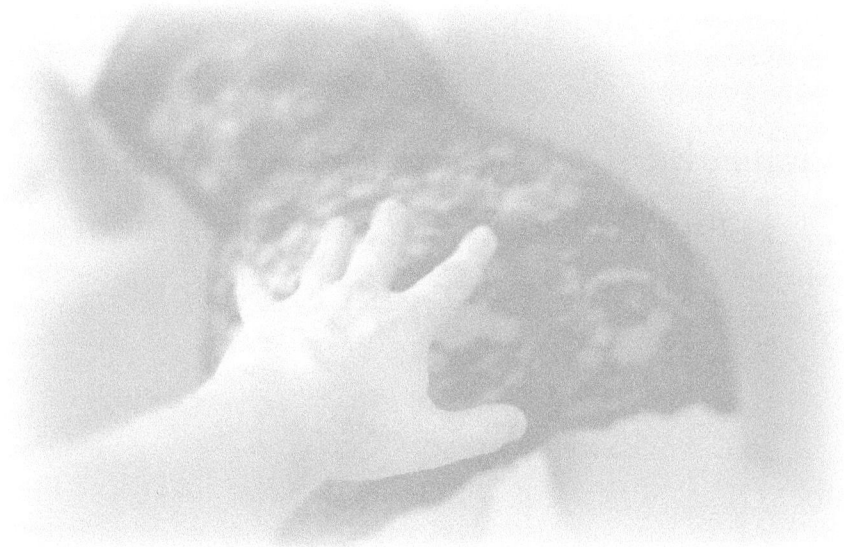

*I*ch denke dies und denke das,
ich sehne mich und weiß nicht recht,
nach was: halb ist es Lust,
halb ist es Liebe.

Oh, mein Herz, sage mir:
Welche Erinnerungen webst Du
in goldigen grünen Zweigen der Liebe?
Lass mich Dir die Rosen schenken ...,
Dir zu sagen:

Ich liebe Dich, meine Rosenprinzessin.
Eine Welt ohne Dich gibt es nicht
... für jemanden, der Dich liebt.

Ich drehe mich im Kreis der Liebe,
kein Anfang und kein Ende.
Du bist überall, egal, wie ich mich wende.
Du bist immer in meiner Nähe,
vielleicht treffen wir uns in der Mitte.
Warum kann ich Dich nicht sehen,
muss ich immer warten?
Doch frage ich mich, auf was.
Du bist zuhause und fühlst Dich leer.
Dein Duft ist überall.
Warum war ich so weit entfernt von Dir?
So kann ich Dich nur im Traum
verzaubern.

Bitte lass mich noch ein wenig träumen,
mit verschlossenen Augen.
Ich habe gesehen, dass Du traurig warst,
weil Du auf meinen Anruf vergeblich
gewartet hast.

Komisch, bin allein im Zimmer,
liege auf dem Bett.
Nur eine Melodie spielt, die mich tröstet.
Dein Summen höre ich in Gedanken.

Doch Deine Augen sind voll mit Tränen,
das weiß ich.
Was soll ich tun, meine Liebste?
Wenn andere reden, bleibst Du stumm,
so weiß ich, dass Du heimlich weinst.
Dein Gesicht ist voll mit tausenden
kleinen Fragen.
Du bist kein kleines Kind,
doch hast Du eine Maske auf, wenn Du
bei mir bist.

Du bist mein Leben,
das unsichtbare Gefühl, das mich
begleiten wird.
Zwischen den Zeilen stehst Du.

Schritt für Schritt verliere ich meine
Geduld,
die ich lebenslänglich verspüre,
aber was bringt es,
wo ich doch genau weiß,
dass es nur ein Traum ist?
Da ich im Bett liege und an Dich denke.

Wände würde ich sprengen,
um Dich zu sehen.
Ich gehe nicht allein durchs Fegefeuer,
sonst bin ich wieder blind, von Deiner
Liebe.
Ich will nicht mehr das letzte Rad sein,
auch wenn ich Dich dabei verliere.
Ich will leben und nicht in Deinem
Schatten stehen.

Noch liebe ich Dich, da ich mich im Kreis
der Liebe drehe.

Ich führe Dich, wohin Du gerne
möchtest,
will meine Tage wiedergutmachen, bei Dir.
Die letzten Wochen habe ich Dich
kaum bemerkt,
wenn Du da warst, dann war es für mich
normal,
doch komme ich damit nicht klar,
muss Dich erst verlieren, um das zu
kapieren.

Du sprichst im Schlaf von ihm.
Heimliche Träume von einem
anderen Mann,
der Dich heute Nacht verwöhnen wird
und auf Wolken schweben lässt.

Es kann nicht so weitergehen,
ich streiche Dir die Angst von Deiner
zarten Haut,

dabei sagst Du so nebenbei,
in Tränen überflutet,
dass Du einen Anderen hast,
ich muss damit aufhören,
Dir nachzurennen.

Es ist vorbei.

Ich lasse Dich gehen,

weil ich Dich liebe.

Angst

Ich habe Angst,
dass Du eines Tages sagst,
Du liebst mich nicht mehr.
Dass wir
nicht mehr miteinander reden.
Dass Du Dein Vertrauen
jemand anderem schenkst.
Dass Du mich verlässt.

Ich habe Angst,
wenn ich von der Wahrheit spreche,
wenn Du mir in die Augen schaust
und meine Gedanken lesen kannst.

Zeige mir,
wie anders Du bist.
Dann ...
vergesse ich die Angst
und liebe Dich ...

Ich kann es nicht verstehen.
Eine Welt, die manchmal ist
wie ein Märchen.

Aus dem ich nicht erwachen möchte,
mit dem Gefühl, als würde sich die Welt
teilen.

Die Erwartung ist voller Sehnsucht
und Verzweiflung,
man kann sie nicht verzaubern.

Es ist ein Gedanke, Du bist ein Engel,
willst mich mitnehmen.
Wohin?

Wohin soll meine Reise mich führen,
wenn mein Vertrauen und Gefühl
nicht vergessen können?

Schau, wie ich da liege,
kann im Herzen nur lachen
und nach außen weinen.

Wer bist Du?
Der mir das Gefühl von Wärme gibt,
Sehnsucht nach dem Paradies.

Meine Tränen kann ich nicht mehr spüren.
Ist es nun so weit, dass ich
gehen muss?

Darf ich noch einmal
mich umschauen und von den Dingen,
die mir gehören, Abschied nehmen?

Halte meine Hand fest,
lass sie nicht mehr los,
ich habe Angst.

Ich liebe Dich,
will es nicht verschweigen,
auch wenn es nie so richtig angekommen ist.
Was soll ich tun,
da ich Dich nicht festhalten möchte.
Bin der Verzweiflung nah,
wenn Du nicht da bist.
Jedes Mal bringst Du mich aus der
Fassung.
Deine Lust, die nach meiner Leidenschaft
schreit.
Wie soll ich Dir erklären,
dass ich ohne Dich
mich einsam fühle.

Ich weiß nicht, was ich machen soll.
Es zerbricht mir meine Gedanken,
bekomme das Gefühl,
dass mir alles aus der Hand fliegt,
bin doch am Anfang erst angekommen.

Warum hat es mich erwischt?
Man kann alles ordnen, sagt man,
doch ich denke, ich ziehe das Pech an,
irgendwas mache ich falsch
und merke es nicht.

Manchmal denke ich, dass ich der Einzige
bin, dem es so geht.
Doch dann mache ich die Zeitung auf
und lese, was andere machen,
in der Verzweiflung der Gedanken.
Jeder ist selbst verantwortlich,
für seine Sache.

Auch wenn man nach dem Fehler sucht,
findet man ihn nicht gleich,
da man im selben Moment wieder
neue macht.

Ich bin ein lockerer Mensch, finde immer
eine Lösung, doch irgendwann
geht einem die Luft aus und man gibt sich
selber auf,
versucht durch Reden,
alles herunterzuspielen,
sodass es keiner merkt,
aber es geht einem dreckig in Gedanken.
Man soll nicht laut reden,
alles erzählen.
Doch dann frage ich mich,
wo das Elend herkommt,
welches man so erlebt.

Ich werde meinen Mut zusammennehmen
und mich bei Dir melden,
wenn die Zeit reif ist.
Oh, die Sonne lacht mir ins Gesicht,
zeigt mir, dass Du glücklich bist.
Manchmal sehe ich Dich,
Deine leeren Blicke sagen viel aus,
wenn man sie lesen kann.
So nah waren wir uns noch nie gestanden
wie jetzt.
Ob Du das alles bemerkst,
bezweifle ich,
doch das Gefühl der endlosen Liebe
spüre ich in mir.

Ich wollte ein Hauch von Liebe sein,
Dir meine Worte zuflüstern,
die mit Leidenschaft und Zärtlichkeit
umgeben sind.

Dich berühren,
Dich küssen,

doch Du bist in Gedanken nur bei ihm.
Du verlierst Deine Sinne.

Mein Herz versteinert sich,
ein Sturm soll aufziehen.
Euer Glück soll zerbrochen werden,

doch dann ...
verletze ich Dich,
das will ich nicht.

Du bist so schön wie eine Prinzessin
und lügst wie eine Hexe,
jetzt gehörst Du ihm.

Es ist, als würden die Sterne
ihre Schönheit verlieren.

Ich wollte doch nur ein Hauch von Liebe
sein ...

~ für Dich ~

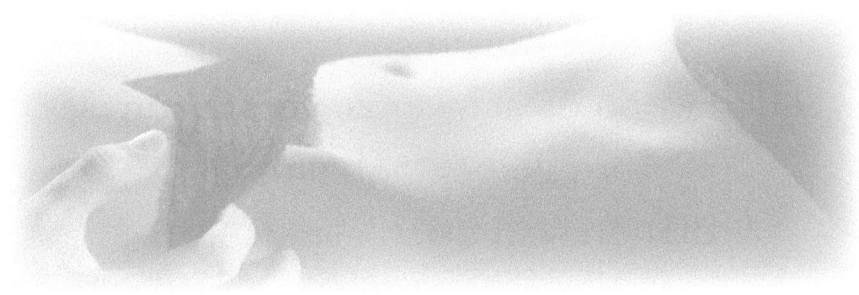

Ja ..., das bist Du ...

~ Ohne Worte ~
versteht man sich,
kann die Liebe sein,
ohne dass man erklären muss.

Vielleicht ist das ein Wunder,
man kann nichts dagegen tun.
Da man ganz nah am Ziel ist.
Wo Du hingegangen bist,
dass Du es nicht vergisst.

Was soll man tun, damit man Dich
hören kann,
auch wenn es schwer zu verstehen ist,
für Deine Sehnsucht
öffnen sich doch alle Türen.

Ja ...,
das bist Du ...

Jeder muss in der Welt der Lügen leben,
keiner will es ändern,
sondern alle gehen mit.

Gedanken sind ~ ja ~
frei,

doch sie sind gelogen.
Es ist wahnsinnig, mit der Ehrlichkeit
umzugehen,
auch wenn sie vorgegaukelt wird.

Die Wahrheit sieht doch anders aus.
Keiner kann Dir das nehmen,
was man nicht sieht.

Nur Du alleine kannst entscheiden,
was
Lügen oder Wahrheiten sein könnten.

Die Kerze
ist schon ausgegangen.
Tränen dringen aus meinen Augen,
eine verirrt sich.
Hast Du sie gespürt?
Kann's nicht verstehn.
Ich sag',
Du hast gelogen,
dass die eine Träne verloren ist,
~ darum ~
hat sie sich aufgelöst,
... die Träne ...

Liebe ist Freundschaft.
So sehe ich das jetzt.
Freundschaft ist Liebe.
Es hat mich verletzt.
Die Liebe im Herzen, so innig und viel,
ich konnte Dich nicht halten und
Du verlierst Dich im Ziel.
Mit dem Kopf durch die Wand,
voller Ungeduld, Du konntest nicht
warten.
Es war meine Schuld.

Liebe ist Freundschaft.
So sehe ich das jetzt.
Denn Freundschaft hält länger,
wenn Du mich lässt.
Hier kann ich Dir nah sein
und bin Dir doch so fern.
In meinen Augen,
da leuchtet ein Stern.

Ein Stern, der Dir sagt:
Ich lieb Dich so sehr.

Liebe ist Freundschaft.
So sehe ich das jetzt.
Im Herzen die Hoffnung, die Sehnsucht
~ es schmerzt.
Ein anderes Herz, ich fühle mich
so hilflos, bin voller Gram.
Doch gebe ich nicht auf,
ich kämpfe um Dich.
Denn Freundschaft ist Liebe
und ich hoffe, auch für Dich.

Die Ecke

Loslassen, das geht nicht.
Im Herzen bleibt es verborgen,
es ist der Motor,
den man zum Leben braucht.
Auch wenn es mit Tränen
übergossen wird,
kann man es nicht brechen.

Vergesse diese Ecke nicht,
die in jedem schlummert,
ist es eine Ecke zum Verlieben.

Loslassen,
das geht nicht.

Ich dachte, es kann uns nichts trennen.

Wir dachten ...,
wir wissen von uns ...,
doch es ist anders gekommen.

Ein Traum, der zu Ende ging,
der kein Bestandteil mehr war,
nur noch aus Sehnsucht besteht.

Ist kein Traum mehr,
sondern ein Hauch von Tränen.

Doch
Tränen lügen nicht,
sie sind einfach nur da.

Manchmal trage ich Sehnsucht in mir
nach den gemeinsamen Erlebnissen.

Seit einiger Zeit trage ich es noch etwas
tiefer in mir,
die Sehnsucht nach Dir.
Stundenlang bin ich noch wach
und denk dabei nur an Dich.

Ich will Dich küssen,
doch Du bist nicht hier.
Deine Nähe,
Deine Wärme
sind für mich das Schönste
in Gedanken.

Wenn es regnet,
wünsche ich mir,
dass Du der Regentropfen bist,
der mich sanft berührt.

Wenn Du die Luft zum Atmen wärst,
würde ich Deinen Duft riechen,
dieses Gefühl der Unruhe
in mir besiegen.

Ich denk, das liegt nur an Dir.

Manchmal ...

Ich könnte manchmal wortlos gehen,
Dich zurücklassen.
Dich zu vergessen, ist besser als zu sagen:
Ich liebe Dich.
Dein Spiel habe ich durchschaut,
hat mich aus dem Gleichgewicht geworfen,
hab Dir blind vertraut.

Sag doch, was Du dabei fühlst ...,
dass ich manchmal Leidenschaft spüre,
die nie eine war,
für Dich ...
Wie kann das sein?

Du hast alles verbockt,
hast losgelassen,
was nun vergessen ist.
Dir war meine Liebe zu wenig, zu einfach.

Ich wollte Dir gehören,
Deinen Zauber spüren.
Irgendwann gibt man auf
und verirrt sich im Tränenmeer.

Nach mir hast Du immer geschaut,
das weiß ich doch.
Dein Stolz lässt es nicht zu,
ehrlich zu sein.
Sage mir einmal, was Du willst.
Ich erfülle es
Dir.

Flüstere Dir leise, wenn es in meiner
Macht steht,
dass ich Dich liebe.
Es ist eine Zeit vergangen, ohne
dass ich mich bemerkbar gemacht habe.

Es ist ein Zauber der Gefühle,
da mein Herz nur für Dich schlägt.
Du kannst es nur nicht hören,
weil Deine Türen verschlossen sind.

Warum bist Du so?

Ich habe doch nichts gemacht,
was Dir wehtun könnte.
Nur Liebe gezeigt,
Vertrauen geschenkt.
Über meinen Schatten springen
würde ich, wenn ich könnte.

Ich wollte nicht mehr träumen,
doch in der Nacht
dachte ich nur an Dich.
Ich habe auf ein Zeichen gewartet,
mich nach Deinen Küssen gesehnt.
Du kamst auf mich zu,
in Gedanken,
ich wollte Deine Lippen berühren.
Doch als ich aufwachte,
war es nur ein Schatten
der Nacht meiner Gedanken.

Nun ist es ein Jahr her.
Was hat es zu bedeuten, dass man
nicht vergisst?
Die schöne Zeit mit Dir und doch
ist sie Vergangenheit.
Keine Träne kann sie zurückdrehen
oder auffangen.
Keiner weiß genau, was passiert wäre,
wenn man es anders versucht hätte.

Die Zeit mit Dir.

$\mathcal{D}$ie Küsse,
die sich sanft auf meinem Gesicht
niederlassen, fühlen sich an,
als würdest Du mit Deiner Hand
mich zärtlich streicheln.
Es zerbricht mir das Herz
vor Sehnsucht
nach Dir.

Sehnsucht macht vergesslich.
Traurigkeit macht nachdenklich.
Wer träumen kann und nie die
Fassung verliert.
Warte doch,
hoffe, Dein Herz sagt tausendmal:
Melde Dich.

Wie ein Felsen,
so stark willst Du sein.
Das Gefühl
wirst Du nie brechen können.
Glaube mir, alles hatte einen Sinn,
doch passe auf,
dass es nie zu spät ist.

Vergesse nicht,
Sehnsucht macht nachdenklich,
rechtzeitig zu gehen.

Sommernachtstraum

Wärme, die mich umgeben hat.
Eine Nacht mit Dir, die ich nie
vergessen werde.
Deine Stimme, die weich ist wie der
Klang der Melodie, welche ich jetzt höre.
Es macht mich an,
wenn ich an Dich denke.

Doch bleiben Fragen offen.
Jeder sagt: Lass es doch, sie ist es
nicht wert.
Aber ich glaubte an Dein Spiel,
vertraute Dir blind.
Du bist frei.

Was ist nur passiert,
sind wir so verschieden, dass alles
zerbrochen ist?

Sehnsucht

Meine Ängste versteht keiner.
Will der kleine Schmetterling sein,
der auf dem Klavier sitzt,
möchte die Klänge hören,
die mich berühren.
Und doch ist alles anders ~ weil ich weiß,
dass Du nicht mehr lange da bist,
weil Du mich irgendwann verlässt.
Lasse mich einmal ~
nur einmal der Schmetterling sein,
der voll ist mit Zauber,
dass ich Dir noch einmal
eine Freude damit machen kann.
Erinnere Dich zurück ~
wie wir lachten und Dummheiten machten,
der Himmel schenkte uns die Liebe.
Irgendwann bist Du ein Engel,
der mich nur in meinen Träumen besucht.

Ich will noch einmal der kleine
Schmetterling sein ~
und ich möchte Dir Deine
Lieblingsmelodie spielen,
so oft Du möchtest.
Ich liebe Dich.

$\mathcal{T}$anze für mich ~ ich liebe es.
Du bist so schön wie die Leidenschaft.
Wenn ich Dich so anschaue,
dann glaube ich, dass ich träume,
will neu geboren sein ~ für Dich.

Dein Anblick macht mich süchtig
und verzaubert ~ mein Herz.

Tausende von Stunden mit
Dir reden.
Die Worte hören, die Du flüsterst.
Dein Lächeln,
streiten und
sich wieder versöhnen.
Doch das wird nie mehr
in Erfüllung gehen.
Und wenn ich an Dich denke,
füllen sich meine Augen
mit tausenden Tränen.

So lange
habe ich gewartet.
Meine Augen sind blind geworden
und haben nicht bemerkt, dass Du mich
verarscht hast.

Lustig hast Du Dich gemacht,
über mich.
Hast ein Problem mit Dir selbst
und nicht bemerkt, dass ich anders bin.

Ich dachte, Du wärst was Besonderes.
Keine von denen, die sich von den
anderen anmachen lässt.
Egal, wie alt sie sind.

Du wirst es nie verstehen.
Dein Spiel ist hier zu Ende

~ und ich ~
habe gewartet.

Tausendmal geht das Glück vorbei.
Manchmal glaubt man, dass die Liebe
für andere da ist.
Komisch, dass es nicht immer
die gleichen sind,
frage mich, warum.

So ist es auch mit unserer Liebe.
Warum muss sie kaputt gehen,
bevor sie angefangen hat,
ist das alles nur ein Traum?

Ich möchte der Stuhl sein,
auf dem Du jetzt sitzt,
will Dich spüren und Deinen Atem fühlen.
Doch es ist nur ein Stuhl,
der ohne Dich ist.

Traurigkeit
macht nachdenklich.
Sehnsucht
macht vergesslich.

Dein Herz sagt tausendmal,
was ich wohl ohne Dich
alles versäume.
Stelle mir oft diese Fragen.

Teufelskreis

Was einmal begonnen hat,
wenn sich zwei Herzen
das Ja-Wort geben,

sich wie in einem Wunderland fühlen,
mit tausenden Sternen umgeben,

von nichts abbringen lassen,
ganz fest zusammenhalten,

dann ist es tausendmal schöner
als alles andere
auf der Welt.

Kein Wiederkehren
von einer Trennung,
die Wahrheit ist begraben
in der Nacht
der großen Liebe,
die wir uns versprochen haben,
dass man nicht verstehen kann,
was es bedeutet,
verliebt zu sein
in jemanden, der nichts wissen will,
ist mein Herz jetzt befleckt
und gefangen,
lebe ich in einer Illusion
und mach mich dabei
zum Hampelmann,
dann ist es unser Schicksal
und wir lassen es,
für immer.

Verführe mich noch einmal

Verführe mich ~
halte mich fest in Deinen Armen.
Bitte nicht mehr loslassen,
ich fühle mich sicher bei Dir.
Wenn Du mich streichelst,
dann verliere ich alle meine Gedanken,
Dir zu widerstehen ~
Deine Augen, die sich schließen.
Ich weiß, was Du von mir willst,
das ich Dir nicht geben kann,
warum auch immer ~
Du bist mir für eine Nacht zu schade.
Ich will Dich ganz bei mir haben ~
doch das geht nicht.
Frag nicht, warum es keine Antwort
darauf gibt.
Du wirst es nicht verstehen ~
meine Liebe zu Dir ist sehr tief
und doch verloren.

Vermisse Dich

Dein Lachen,
Dein Weinen,
Deine Augen.
Vermisse Dich.

Wie gerne würde ich Dir die Welt zu
Füßen legen,
doch Du bist nicht da.
Der Raum ist leer, ohne Deinen Duft,
der mich immer verrückt gemacht hat.

Ich sagte immer, es gibt keine Grenzen
und doch
habe ich sie kennengelernt,
gespürt, wie weit man gehen kann.
Wann man verloren hat ~
und wann man aufgibt
mit den Gefühlen der Liebe.
Mir ist kalt ohne Dich.

Dein Bild löschte ich schon vor Jahren,
weiß nicht mehr, wie Du aussiehst.
Bestimmt bist Du immer noch hübsch.

Es vergeht kein Tag ohne Dich,
auch wenn es falsch ist.
Ohne Anfang gibt es kein Ende.
Doch bleibt es eine verlorene Liebe.
Auch wenn Du es Dir nicht
vorgestellt hast,
bin ich nicht der Letzte, der das Licht
ausmacht ...

... im Raum
der Liebe.

Du verschenkst Rosen
an mich,
obwohl es aus ist.

Ohne ein Wort
bist Du gegangen ...

Ich hörte Dein Schreien,
als Du Abschied nahmst ...

... von mir ...

Die letzte Rose,
die Du mir geschenkt hast,
sie blüht noch ...

... für mich ...

Verschickst Dein Bild, einfach so.
Ist es eine Laune von Dir, wieder mal
was zu machen, was kribbelt?
Willst Du jemandem wehtun?
Hast Du Sehnsucht?
Bist Du einsam?

Dann sag es doch!

Wie weit willst Du gehen?
Ist nicht schon genug passiert?
Soll man wieder Hoffnung schöpfen
und doch alles verlieren dabei?

Wer gibt Dir das Recht,
so was zu machen,
sich in ein Herz zu schleichen und
wieder Unruhe zu stiften?
Mit Liebe und falschen Gefühlen.

Dein Bild kann einen verzaubern,
wenn man seine Gefühle vergisst.
Verschickst Dein Bild, einfach so.
Ohne nachzudenken.

Vieles, was ich für Dich empfinde,
kann ich nicht in Worten schreiben.

Könnte ich Dir nicht sagen,
würdest Du nicht verstehen.

Vieles, was ich nicht verstehe,
sind meine Gefühle für Dich.

Versuche, in Dein Herz zu kommen,
doch finde keinen Weg.

Gib mir noch einmal das Gefühl,
dass Du mich verstehst.

Ich erreiche nicht das Ziel
Deiner Worte.

Vielleicht rufst Du meinen Namen,
wenn es Dir schlecht geht
und Dir langweilig ist.

Warum soll ich Dir verzeihen,
egal, was man gemacht hat.

Wenn ich schreibe,
fühle ich mich Dir sehr nah.
Das Gefühl, in Deiner Nähe zu sein,
umklammert mich mit Zärtlichkeit.

Plötzlich stehst Du vor meiner Tür.
Du bist süß.
Dein Körper, der duftet,
sodass ich Dich in Gedanken verzaubere.

Traumhaft

Ein Ziel, das man nicht so einfach
fassen kann.
Himmlisches Gefühl

Voller Gedanken

Im Moment ist mein Köpfchen wieder mal
voll mit Gedanken,
die ich eigentlich zu Papier bringen möchte.
Leider ist das verdammt schwierig, denn
ich muss mir auch die Zeit für Dich
regelrecht stehlen,
aber ich mach es sehr gerne,
denn es ist ja etwas, das ich für Dich
mache.
Gestern wollte ich mich löschen aus
Deinen Leben.
Doch werde ich ein paar meiner
Gedanken und Träume schreiben.
Da sich ja im Moment eh alles
um Dich dreht,
wird es eigentlich eine Seite für Dich
in mein Buch
mit einem Herz, das ich für Dich
gemalt habe.

Wenn ich diese Augen anschaue,
dann kann ich nicht anders,
bitte nicht böse sein.
Wir alle sind ein wenig verletzlich,
Träume, die wir haben,
werden vielleicht wahr,
wenn das nicht passiert wäre ...
Dann würde uns die Welt gehören.
Es gibt böse Menschen,
die Dir so was antun,
meine Tränen können Dir nicht helfen,
aber meine Gedanken sind bei

Dir.

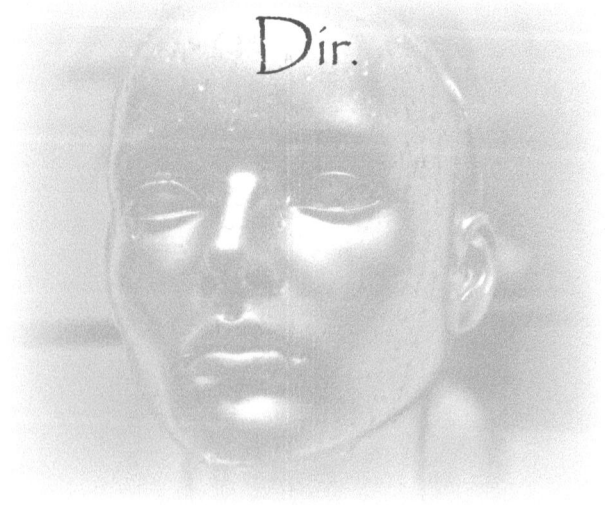

Wenn ich doch nur den Himmel
berühren könnte,
dann würde ich es tun.

Ich schließe meine Augen und halte die
Zeit an,
für uns.

Ich denke ganz fest an Dich.
Will Dir leise sagen: Ich liebe Dich.
Du hattest meine Seele gefangen.
Weißt Du es nicht mehr?

Wenn ich doch nur den Himmel
berühren könnte,
dann würde ich es tun.

Du hast mich belogen,
mir wehgetan.

Ich hörte Stimmen,
die nicht von Dir waren.

Ich wusste nicht mehr, was ich tun soll.
Mir war kalt,
Du hast mich verraten.
Wollte Dich nicht verlieren.

Ach,

wenn ich doch nur einmal den Himmel
berühren könnte,
dann würde ich es tun.

Für Dich.

Was Du für mich sein kannst,
ich weiß es kaum.
Was ich da wohl ohne Dich
alles versäume,
stelle mir oft diese Frage.

Vielleicht die Erfüllung all meiner
Gedanken,
Du bist einer davon.
Vielleicht aber auch nur ein weiterer
Gedanke
ohne
Dich.

Viele Worte, kein Verständnis,
auf was wartest Du?
Wenn Du wieder fortgehst,
dann nimm mich mit, auf Deine Reise,
will auch die Welt sehen, wie Du.

Nimm mich mit, ins Ungewisse,
dann bin ich bei Dir ~
viele Worte,
doch kein Verständnis.

Was ist passiert?
Ist das unser Leben,
wie wir es wollen?

Nicht beachtet zu werden,
wie man sich fühlt,
dabei Tränen in den Augen hat.
Keiner merkt es.

Den Kopf gesenkt, die Melodie der
Liebe hören, sich erinnern, wie es einmal war.
Die Stunden, die man sich aus dem
Leben erzählt.
Kerzenlicht, das in die Augen lacht.
Das Glas Wein, bei dem man sich
näherkommt.
Die weichen Lippen, die man sanft küsst.

War das alles nur eine Seifenblase,
die nun verloren ist?
Was ist passiert, mit unserem Leben?

Was ist los?

Keine Antwort kommt von Dir.
Ist alles vergessen,
was wir geträumt haben?
Bin ich doch nur ein Übergang gewesen
für Dich,
damit Du besser in Deiner Welt
zurechtkommst?

War ich nur eine Last für Dich?
Hast Du alles vergessen?
Als ich Dich so sehr brauchte,
warum hast Du mich alleine gelassen?
Wieso bist Du gegangen,
ohne Dich zu verabschieden?
Ohne Lebewohl zu sagen?

Wenn ich Dir in die Augen schaue,
möchte ich alles vergessen,
Deine roten Lippen küssen,
Dein Haar riechen,
will Dich umarmen und Dir ins Ohr sagen:
Ich liebe Dich.

Ach ~ ich möchte Dich nicht verlieren,
auch wenn es zurzeit nicht einfach ist,
aber wir schaffen es.
Wir geben nicht auf, solange Du
bei mir bist,
wird alles wie im Traum sein.
Deine Nähe ist wie Zauber, der nie
verloren geht
und mich immer wach rüttelt, den ich so
liebe an Dir.
Wenn ich Dir in die Augen schaue, dann
sehe ich die Hoffnung, die mich alles
vergessen lässt.

Wer bist Du?

Die Wahrheit, will sie verstehen.
Verstecke sie nicht.
Du kennst sie.

Wer bist Du?

Über Dinge schreiben,
wo Du es doch lassen sollst,
da es vielleicht ein Geheimnis ist.

Wer bist Du?

Willst Du mich täuschen?
Es ist doch Deine Unerfahrenheit,
das Spiel umzudrehen.

Wer bist Du

wirklich?

Weißt Du noch,
wenn man an das Gefühl erinnert wird,
die Beruhigung, als würdest Du da sein?

Was hätten wir gegeben,
Dich noch einmal zu sehen.

Deine Sprüche,
die uns heute immer noch verzaubern
und nie vergessen lassen,
wer Du warst.

Es sind viele Dinge hier im Raum,
die von Dir noch sind.

Wir fragen uns oft, was Du wohl machst.
Schade, dass es so schnell ging,
unerwartet,
doch war es schön mit Dir.

Deine Gedanken waren ein Geheimnis.
Du hast es nie erzählt, was Du denkst
oder fühlst.

Du warst immer zufrieden.
Mit einem kleinen Lächeln
in Deiner Seele
hast Du alles weggesteckt.

Du hast Zertrümmerung erlebt,
Elend gespürt,
doch hast Du es geschafft.

Komisch,
dass Du so kraftvoll warst
und doch hast Du
uns verlassen.

Die Erwartung war zu groß.

Was wir in unseren Händen halten,
ist von Dir.

Nicht viel,
aber sehr wertvoll
für uns.

Stolz behaupten wir, zu sagen:
Danke.

Wenn ich doch die Zeit
zurückdrehen könnte,
bis zu dem Tag, als wir uns begegnet sind.
Dann würde ich diesen Fehler nicht noch
einmal machen
und Dir endlich sagen können, was ich von
Dir halte.

Es war eine verlorene Zeit,
voller Schmerz.
Würde ohne Worte
Dich vergessen können.
Ich weiß, es gibt viele Menschen,
denen es auch so ergangen ist.
Wieso hörte ich nicht auf mein Gefühl?
Hätte es zu verhindern wissen müssen.
Die Herausforderung, Dich
zu akzeptieren, machte mich
zum Pausenkasper.

Doch warum ich?
Wenn ich doch noch einmal die Zeit
zurückdrehen könnte,
würde ich es tun.
Dabei hast Du eine Freundschaft
und mich verloren.

Jeden Tag
könnten wir eine kleine Wolke
vorbeischicken,
nach Winnenden.

Doch wird es nicht mehr so sein,
wie es einmal war.

Die Schmerzen, die wir fühlen.
Die Gedanken, die mit Euch sind.
Wie auch jetzt,
in diesem Moment,
kann man nicht beschreiben.

Trauer, Bestürzung,
Wut schleicht sich ein.

Unsere letzten Worte sind
wie die Kerzen,
die für die Seelen brennen.

Verdammt, das Leben ist kein Spiel!

Hört endlich auf damit!

Und doch
wird es immer ein Geheimnis bleiben.

Wir sind vertraut in die Wörter,
welche wir schreiben.
Glauben fest daran,
dass es echt ist.

Das Glück soll uns nie wieder verlassen,
das hatten wir uns versprochen.

Nimmst Du mich in die Arme,
in Gedanken,
vergesse ich die Langeweile.

Vor Sehnsucht
bin ich traurig.
Du bist die Erste,
die mich getröstet hat.

Plötzlich wache ich auf
und alles war nur ein Traum.
Mit den Worten, die uns vertraut waren.

Was wäre, wenn Du jetzt hier wärst?
Ich höre Dein Flüstern.
Was machen wir? Es ist Wochenende,
es klingelt das Telefon,
vielleicht bist Du es.

Ich schreibe und träume
von Dir.
Meine Finger streicheln Deine Lippen,
fühlen Dein Haar,
Dein Parfüm.
Es ist traumhaft,
der Duft ist überall.
Ich genieße es,
aber
ich habe heute keine Zeit
für Dich.
Es wird ein unerfülltes Wochenende
bleiben ~ ohne Dich.

Ich wollte der Wind sein.
Dich berühren,
Dich küssen.

Doch nun muss ich zusehen, wie er
Dich umarmt,
Dir meine Worte zuflüstert.
Wie er Dich küsst
und Dich an sich zieht.

Du spürst seinen Atem,
er umarmt Deine Liebe.
Die von Leidenschaft
und Zärtlichkeit umgeben ist.
Schicke Dir einen Hauch von Liebe,
doch Du bist in Gedanken nur bei ihm.
Dabei verlierst Du Deine Sinne.

Ich hatte das junge Zauberlicht ...
in meinen Händen ...

Ich bin doch der Größte ...,
ich bin doch cool ...

Mit dem jungen Licht ...,
das ich in meinen Händen gehalten habe ...,
konnte ich machen, was ich wollte ...,
damit umspringen, wie ich wollte ...

Bin doch cool ..., der Größte ...

Das junge Licht ist doch nur ein
verdammtes Spiel,
dachte ich.
Kann ja nichts passieren, bin doch der ...
Größte ... Größte ... Größte ...
Der größte Idiot ... war ich.
Ja, ja, keiner kann jetzt meine Tränen
trocknen ...

Das Licht, das ich in den Händen
gehalten habe,
ist nun ausgegangen, hat sich gelöscht …
Ich habe es verloren.
Keiner kann meine Tränen trocknen.
Es ist vorbei.

Nun hat es ein anderer in seiner Hand,
der es so nimmt, wie es ist,
ein Zauberlicht.

Zeige Dich doch

Warum versteckst Du Dich?
Ich versuche, an Dich ranzukommen.

Irgendwie.

Was ist denn los?
Bin ich so verdammt bei Dir,
dass Du keine Liebe empfindest?
Mein Herz schlägt,
wenn ich Dein Bild sehe.

Wann hört es endlich auf?
Deine Lippen und Küsse zu spüren,
obwohl Du gar nicht da bist.

Wann hört es auf?
Die Stimme in mir,
die nicht meine ist.

Der Zwiespalt macht mich verrückt,
einsam und krank.
Kann man so verliebt sein
im Leben,
dass man Illusionen erliegt?

Zeige Dich doch,
damit ich Ruhe in mir finde.